D1726748

José María Sánchez-Silva

Das Geheimnis des kleinen Marcelino

José María Sánchez-Silva

Das Geheimnis des kleinen Marcelino

Eine spanische Legende

Media Maria Verlag

Bibliografische Information: Deutsche Nationalbibliothek.
Die deutsche Nationalbibliothek verzeichnet diese Publikation in der
Deutschen Nationalbibliografie; detaillierte bibliografische Daten sind
im Internet über http://dnb.ddb.de abrufbar.

Deutsch von Eckart Peterich
Mit Zeichnungen von Lorenzo Goñi
Die Originalausgabe erschien unter dem Titel
„Marcelino Pan y Vino"
Bei Editorial Cigueña

José María Sánchez-Silva
Das Geheimnis des kleinen Marcelino

Eine spanische Legende

Media Maria Verlag, 1. Auflage 2011
© Copyright 2011 by Media Maria Verlag,
D-89257 Illertissen
Satz: Bernhard Heun, Rüssingen
Umschlaggestaltung: Weiß Freiburg GmbH
Printed in Germany

www.media-maria.de
ISBN 978-3-9813003-9-0

Es mögen nun an die hundert Jahre vergangen sein, seit drei Franziskaner den Bürgermeister eines Dörfchens darum baten, sie um Gottes Lohn ein altes, verfallenes Gebäude bewohnen zu lassen, das etwa zwei Meilen von jener Ortschaft entfernt auf einem der Gemeinde gehörenden Grund lag. Der Bürgermeister war ein frommer Mann und erlaubte es ihnen, ohne erst lange die Gemeinderäte zu fragen. Die Brüder segneten ihren Wohltäter, wanderten zu dem Gemäuer hinaus, das sie schon kannten, und grübelten darüber nach, wie sie sich da für die Nacht ein Obdach herrichten könnten.

Das Gebäude war eine ehemalige Meierei, in die sich früher einmal, als die Franzosen um das Jahr 1800 herum in Spanien einfielen, die Dörfler geflüchtet hatten, um sich dort zu wehren oder die Eindringlinge wenigstens von ihrem Dorf abzulenken und so zu verhüten, dass es gebrandschatzt würde. Unter den drei

Franziskanern war ein junger, tüchtiger und geschickter. Der sah gleich, wo man anpacken konnte. Es lagen da große Steine herum, die für den Neubau brauchbar schienen, wenn sie auch nicht ausreichten. Dann wuchsen da Bäume, um Balken daraus zu zimmern. Nicht weit aber floss ein Bächlein und versprach den armen Brüdern, sie nicht verdursten zu lassen. Doch weil der Tag schon zu Ende ging, obwohl sie in der Morgenfrühe aufgebrochen waren, denn einer von ihnen, ein Greis, konnte nur noch mühselig gehen, beschloss der tüchtige Bruder, gleich zu beginnen, suchte einige Balken zusammen, breitete eine alte Decke darüber, die sie mit sich führten, richtete so zwischen den Steinen ein kleines Obdach her, zündete dort Feuer an, machte es dem Greis daneben bequem, sandte den anderen Bruder zum Wasserschöpfen an den Bach und röstete selbst in der Asche einige Kartoffeln, die ihm eine gute Frau als Almosen gegeben hatte. Die drei sprachen ihre Gebete und verzehrten ihr mageres Mal. Dann kam die Nacht und sie schliefen fest bis zum nächsten Morgen. Da gingen sie, von dem Tüchtigen und Geschickten angeleitet, an ihr Werk.

So begann der Bau dieses einsamen Hauses. Als wir es fünfzig Jahre später betraten, sah es schon ganz anders aus. Es ist heute ein sehr schlichtes, grob gemauertes Gebäude, doch überaus fest und hat schon manchen Wanderer und Hirten gegen Unwetter geschützt. Über einem großen Erdgeschoss erhebt sich ein kleineres Stockwerk. Hinter dem Hause liegt, von einem Mäu-

erchen eingefasst, der Gemüsegarten. Darin ernten die Mönche einen Teil ihrer Nahrung. Im Erdgeschoss liegen die bescheidene Klosterkapelle, die Zellen der Mönche, das Refektorium, die Küche und die Speisekammer; darüber sind andere Zellen und ein großer Speicher, in dem sperrige, wenig gebrauchte Sachen aufbewahrt werden und rechts davon, dort wo die alte, wurmstichige Stiege endet, geht es in eine Bodenkammer, die ein enges Guckloch nur spärlich erhellt.

Auch sind es jetzt nicht mehr drei Brüder, sondern zwölf. Von jenen drei ersten sind zwei gestorben und einer, der tüchtige, den wir noch jung und unternehmungslustig kennengelernt haben, ist nun der älteste und gebrechlichste. Der Friedhof der Brüder liegt am Ende ihres Gartens. Sie leben nur dem Gebet und der Arbeit. Für die Leute ringsum sind sie sehr nützlich, denn weil unter ihnen fünf oder sechs Priester sind, können sie an Sonn- und Feiertagen in allen Dörfern und Weilern der Umgebung, denen es an Pfarrern fehlt, Messe lesen, die Neugeborenen taufen, die jungen Leute trauen, die Alten, wenn sie gestorben sind, begraben, die Bilder Christi, der Muttergottes und der Heiligen an den hohen Feiertagen in Prozession tragen, alle beraten und trösten und ihre Beichte hören. Sie leben auch weiterhin von milden Gaben. Freilich hätten wir sie vor Jahren beinah ganz aus den Augen verloren, denn jener fromme Bürgermeister starb und der neue ritt eines Tages auf seinem Esel zu dem Klösterchen hinaus, um die Mönche zu fragen, mit welchem Recht sie da eigentlich wohnten. Da sie ihm aber sehr sanft- und demütig antworteten, sie würden, wenn das sein müsse, dies von ihnen gebaute Haus, das einst nur ein Trümmerhaufen gewesen, sofort verlassen, und einige von ihnen sich unverzüglich auf den Weg machen wollten, änderte der Bürgermeister seinen Sinn und sagte ihnen, sie dürften noch eine Weile bleiben. Einige Jahre später starb auch dieser Bürgermeister. Der neue, ein Enkel jenes ersten, bestätigte, was sein Großvater getan hatte, und erreichte, dass die Gemeinderäte die Stätte um Gottes Lohn und auf Zeit den Brüdern überließen. Das Kloster musste diese Erlaubnis alle zehn Jahre erneuern lassen. Doch die Brüder wirkten in den Dörfern ringsum so viel Gutes, dass der Rat eines Tages dem Prior mitteilte, er habe beschlossen, der Gemeinschaft Grund und Boden und das von ihr bewohnte Gebäude darauf für immer zu schenken; worauf der Prior befriedigt, aber bestimmt antwortete, das sei der sicherste Weg, um sie zum Verlassen jenes Hauses zu zwingen, weil sie nichts besitzen und nur von milden Gaben leben dürften.

Durch den Fleiß und die Liebe, mit der die Brüder alles taten, was immer sie auch taten, wurde ihr Kloster nach einiger Zeit nicht nur ein fester, sondern auch ein recht schöner Bau. Weil in der Nähe Wasser floss, gelang es ihnen, einige Bäume, Sträucher und Blumen gedeihen zu lassen. Auch pflegten sie den Gemüsegarten sorgsam und alles ringsum war sauber und wohlgeordnet.

Eines Tages nun, kurz bevor das Jahrhundert, darin wir leben, geboren wurde, geschah es sehr früh am Morgen, als die Hähne noch schliefen, dass der Bruder Pförtner vor der Tür, die stets nur angelehnt war, etwas wie ein Weinen hörte. Er lauschte genauer hin und ging schließlich, um nachzuschauen, was das Gehörte wohl sei. Fern im Osten schien es schon zu tagen, aber es war noch dunkel. Von jenem Geräusch geleitet, tat der Bruder einige Schritte, als er etwas erblickte, was einem Stoffbündel glich und sich bewegte. Er trat näher heran. Was er gehört hatte, war nichts anderes als das Weinen eines Neugeborenen, das man vor einigen Stunden hier ausgesetzt haben mochte. Der gute Bruder hob das kleine Geschöpf auf und trug es ins Kloster. Um die Schlafenden nicht zu wecken, die sich nach weiten Wegen und harter Arbeit niedergelegt hatten und die Ruhe sehr brauchten, zerstreute er den Winzling, so gut er nur konnte. Da ihm nichts Gescheiteres einfiel, tunkte er ein weißes Leinenläppchen in Wasser und ließ den Säugling daran lutschen, wodurch er sich so still verhielt, wie man es von ihm erwartete.

Der fernste Hahn krähte zuerst. Da hörte der Bruder mit seinem Kindlein im Arm, wie sich die Katze nach ihrer Gewohnheit ins Freie schlich, um wer weiß welche noch schlafenden Tierlein zu jagen. Schon war es so weit, dass er die Glocke läuten und den Brüdern von seinem Fund hätte berichten sollen, als der Winzling in der wohligen Wärme der rauen Mönchskutte seine

Äuglein geschlossen hatte und eingeschlafen war. Zum Glück war es Frühling und seit einiger Zeit nicht mehr so kalt, sonst wäre der arme Kleine vielleicht erfroren. Kaum erklang die Glocke, hörte man gleich an allen Ecken und Enden große Geschäftigkeit. Als der Bruder dem Prior das Kind zeigte, konnte dieser sein Staunen nicht verbergen und mit ihm die anderen Mönche, die alle dorthin liefen, von wo die Staunensrufe kamen. Der Bruder Pförtner erzählte immer von Neuem, wie alles zugegangen war, und man muss es gesehen haben, wie die Brüder jedes Mal lächelten und ihre Köpfe voll zärtlichem Mitgefühl schüttelten. Das war wirklich keine einfache Sache. Was sollten die armen Mönche mit dem Kleinen tun, den sie nicht stillen und kaum aufziehen konnten? Der Prior entschied, dass einer von ihnen, der sogleich zu einem Dorf aufbrechen musste, wo er etwas zu schaffen hatte, das Geschöpflein mitnehmen und es den Amtsleuten übergeben sollte. Doch der Bruder Pförtner und die jüngeren Brüder machten zu diesem Beschluss keine guten Mienen und als erster brachte Bruder Bernardo einen Einwand vor.

„Vater", sagte er zu dem Prior, „müssten wir ihn nicht zuerst einmal taufen?" Dieser Gedanke hielt alle zurück. Der Prior stimmte zu und beschloss, den Findling zumindest so lange dazubehalten, bis er ein Christ geworden sei. Sie hatten sich schon dem Klosterkapellchen zugewandt, als Bruder Gil die Schar mit einer andern Frage aufhielt:

„Und wie wollen wir ihn denn nennen?"

12

Bereits hatten mehrere den Namen des heiligen Franz auf den Lippen, als sich der Bruder Pförtner, vielleicht etwas leichtsinnig, vorwagte und fragte :

„Was würdet Ihr davon halten, Vater, wenn wir ihm den Namen gäben, der heute im Kalender steht?"

Es war Ende April und an jenem Tage das Fest des heiligen Marcelino. So wählte man also diesen Namen und bald darauf weinte der neue Christ unter dem Taufwasser, wie er vorher unter dem leckeren Geschmack des Salzes geschwiegen hatte. Die Brüder freuten sich an dieser Feier und als diejenigen von ihnen, die frühzeitig wegzugehen pflegten, schon unterwegs waren, gingen die andern bekümmert umher und grübelten darüber nach, ob man das Kindchen, das Gottes Wille auf ihre Türschwelle gelegt hatte, behalten oder ob man sich von ihm trennen sollte.

Während zwei der Brüder im Garten arbeiteten, blieb einer von ihnen plötzlich stehen und sagte:

„Ich würde mich seiner annehmen, wenn man ihn mir überließe."

Da lachte der andere und fragte, wie er den Kleinen denn stillen wolle.

„Mit der Milch unsrer Ziege", antwortete jener, ohne zu zögern.

Denn den Brüdern war vor einigen Monaten eine Ziege geschenkt worden, deren Milch vor allem der kranke und gebrechliche Bruder bekam, der Gründer des Klosters.

Derweilen verlor der Prior keine Zeit und beauf-
tragte jeden einzelnen Bruder, überall, wo er hinkam
zu fragen, wem das Kind gehören könnte und was die
Behörden für es zu tun bereit wären. Er wollte nämlich das Geschöpflein so gesund wie möglich denen
übergeben, die es als das ihre anerkannt hätten oder
den Amtspersonen, die die größte Sicherheit für sein
Leben bieten könnten. Mit solchen und anderen Din-
gen verging der Vormittag und als der Prior beschlos-

sen hatte, das Kind wenigstens für diesen ersten Tag im Haus zu behalten, wollte er die wahre Meinung seiner Mitbrüder prüfen, indem er einem von ihnen zum Schein befahl, das Kind ins Dorf zu tragen. Darauf näherten sich ihm gleich mehrere demütig und baten, er möge das nicht tun und es wenigstens bis zum nächsten Morgen im Kloster lassen, da Mittag vorüber sei und der Winzling sich unterwegs erkälten könne. Der Prior freute sich über diesen sanften Widerstand und willigte ein, den Kleinen bis zum nächsten Tag zu behalten.

Als das Angelus läutete, kehrten die Brüder zurück, die frühzeitig aufgebrochen waren und berichteten, was sie erfahren hatten. Wenn man sie fragte, was die verschiedenen Amtspersonen, denen sie den Fall erzählt hatten, tun wollten, schüttelten sie alle, als hätten sie das vorher miteinander verabredet, misstrauisch die Köpfe. Überall nämlich war ihnen gesagt worden, das Dorf sei arm, auch wisse man durchaus nicht, wer das Kind ausgesetzt habe und dass man, falls man es in Pflege geben wolle, der Familie, wenn sich eine solche finden würde, ein Kostgeld geben müsse. Daran stimmte freilich manches, denn die Gegend war wirklich nicht reich und hatte letzthin unter einer großen Dürre gelitten, durch die fast alle Familien übel dran waren. Da blieb dem Prior nichts anderes übrig, als selbst einen Versuch zu machen, entweder bei dem Bürgermeister, dem er am meisten vertraute, oder bei

16

mehreren ihm bekannten, sehr wohltätigen Familien. Auch sprach er zu den Brüdern davon, an einige Klöster zu schreiben, die der Orden in großen, fernen Städten unterhielt. An all dem erkannten die Brüder, dass der Kleine fürs Erste im Hause blieb und sie waren in jener Nacht stillvergnügt und guten Mutes. Marcelino aber wurde dem Bruder Pförtner anvertraut. Als die Stunde gekommen war, gaben sich alle außer dem Hüter des Kindes der Ruhe hin, nicht ohne es bei dem Kleinen mehrmals mit ein wenig verwässerter Ziegenmilch versucht zu haben, gegen deren Geschmack er durchaus nichts einzuwenden hatte.

So dämmerte der nächste Tag herauf und noch mancher andere, denn trotz der ernsthaften Bemühungen des Priors geschah, man weiß nicht recht wie, immer irgendetwas, um zu verhindern, dass Marcelino das Kloster verließ. Einmal brachte ein Bruder die Nachricht, gewisse Verhandlungen mit einer Familie, die sich des Geschöpfleins annehmen wolle, ließen sich gut an; dann hörte man, dass einer aus einem Nachbarort, der von dem Kind gehört hatte, mit allerhand Essbarem zu dem Kloster unterwegs sei, um den Mönchen bei der Ernährung des Kleinen zu helfen.

In jenen Tagen erkrankte und starb der Bruder Pförtner. Zuvor aber bat er seine Brüder, die Mönche, herzlich, das Kind für immer zu behalten, in frommer Gottesfurcht aufzuziehen und einen guten Franziskaner aus ihm zu machen. Und wie die Tage vergangen waren, so begannen nun auch die Wochen und sogar die Monate zu vergehen und Marcelino, der immer munterer, lustiger und niedlicher wurde, blieb im Kloster und ernährte sich mit der Ziegenmilch und einigen schmackhaften Breilein, die sich der Bruder Koch ausgedacht hatte. Als ein Jahr vorüber war, benutzte der Prior eine Reise dazu, um vom

Pater Provinzial die Genehmigung zu erhalten, dass Marcelino bleiben durfte. So wurde er in aller Form in die Gemeinschaft aufgenommen und kein Mensch konnte ihn nunmehr aus dem Kloster herausholen, es sei denn seine Eltern, wenn sie einmal aufgetaucht

wären. Der Bub aber wuchs heran und war die Freude
der Brüder, manchmal freilich auch ihr Kummer, denn
er war zwar herzensgut, doch nicht alles war gut, was
er unternahm. Seine Obstnascherei im Garten, seine
Streiche in der Kapelle und in der Küche machten den
armen Brüdern mancherlei Kopfzerbrechen. Aber alle
liebten ihn zugleich wie einen Sohn und einen kleinen
Bruder und auf seine Weise liebte auch Marcelino sie
alle innig.

Als Marcelino beinah fünf Jahre zählte, war er ein kräftiger und aufgeweckter Bub, der schon von Weitem alles erkannte, was sich bewegte und auch mancherlei, was sich schön still verhielt. Leben und Art aller Feldtiere waren ihm vertraut und noch vertrauter die Art der Brüder. Er behandelte jeden von ihnen auf eine besondere Weise und gab ihnen allerlei Namen. So war der Prior schlechthin der „Vater" und der alte, kranke Mönch „Bruder Übel", der neue Bruder Pförtner „Bruder Tür" und Bruder Bernardo, der dem „Vater" vorgeschlagen hatte, das Kind zu taufen, war „Bruder Taufe". Zur Erinnerung an seine ersten Speisen nannte er den Bruder Koch „Bruder Brei". Die Brüder aber konnten mit Marcelino nicht böse sein,

nicht nur weil sie ihn, wie wir schon wissen, sehr lieb
hatten, sondern auch, weil sie sich über die Einfälle
des Buben freuten und manchmal herzlich darüber
lachten. Vor allem der Kranke hatte seinen Spaß
daran, sich „Bruder Übel" nennen zu hören, denn
in seiner großen Frömmigkeit sagte er, es ginge ihm

nicht nur übel, sondern er sei auch ein Übel und mit
seiner verflixten Krankheit wie Judas zwischen dem
Heiland und seinen Aposteln, die auch zwölf waren
wie seine Brüder, denen er, statt ihnen zu helfen, nur
Scherereien und Mühen mache. Dabei war er wirklich
wie ein Heiliger und alle verehrten ihn und mit ihnen

tat das der Prior und fragte ihn in schwierigen Fällen manchmal um Rat.

Die Liebe der Mönche gehörte Gott, unserm Herrn, sie gehorchten in Demut dem Prior, aber sonst war Marcelino der König in ihrem Haus. Über dessen Umfriedung und nächste Nachbarschaft kam der Bub selten hinaus und immer nur dann, wenn die Brüder, worin sie nicht nachließen, nach seiner Herkunft forschten und herauszufinden suchten, warum er ausgesetzt worden war. So hatte Marcelino einmal in Gesellschaft des einen, dann des anderen Bruders die umliegenden Dörfer kennengelernt und das zu seinem großen Staunen und Vergnügen, aber ohne Ergebnis, denn weder fand man seine Eltern noch irgendjemand, der sie kannte. So waren die Mönche allmählich davon überzeugt, dass der Knabe von einer Frau oder einem Mann aus der Fremde sei, die an dem Kloster vorbeigewandert waren und ihn an ihrer Türe niedergelegt hatten, weil jene fürchteten, ihn nicht ernähren zu können und dachten, die guten Franziskaner würden ihn gewiss in Gottes Namen aufnehmen.

Sonst verbrachte Marcelino einen großen Teil des Tages allein, spielte oder war mit seinen eigenen Gedanken beschäftigt, wenn er den Brüdern nicht mit kleinen Handreichungen half. „Bruder Taufe" hatte ihm einen Schubkarren gezimmert und dieser wurde

Marcelinos erstes und wichtigstes Spielzeug. Mit dem half er manchmal im Garten, indem er eine Melone, ein Häuflein Kartoffeln oder sogar ein paar Trauben ins Kloster fuhr, denn mehr fasste sein Karren nicht. Aber seine liebsten Spielzeuge waren die Tiere und die alte Ziege, seine Amme, war ihm das allerliebste und oft sprachen er und sie auf ihre Weise miteinander.

„Denke dir", sagte er, „die Kröte ist mir entwischt. Dabei habe ich sie in eine Dose voll Wasser gesperrt und einen Stein darauf gelegt."

Und die Ziege schüttelte ganz nahe bei Marcelinos

Kopf weise den ihren, als wolle sie sagen, auch ihr tue das leid, doch mit den Kröten könne man nun einmal seltsame Dinge erleben.

Mit der Zeit hatte das Gärtchen der Mönche eine richtige Mauer bekommen. Dort konnte man Marcelino zu gewissen Stunden des Tages sich damit vergnügen sehen, den Eidechsen nachzuspringen oder sie auch nur zu betrachten, wie sie über den Boden huschten mit ihren leichten, lieblichen Bewegungen, ihren lebhaften Farben, ihren hellen Bäuchen und ihren funkelnden, scharfsichtigen Äuglein, die nicht größer als Stecknadelköpfe sind. Nicht immer freilich war Marcelino ein guter Bub. Er hatte leider seinen Spaß daran, einer Eidechse ihren Schwanz abzubrechen und zuzuschauen, wie der sich, nachdem er vom Körper abgetrennt war, noch eine gute Weile bewegte. Auch die Mauerschwalben und andere Vögel vergnügten ihn. Der Bruder Sakristan, genannt „Bruder Glocke", weil er die Kapellenglocke läutete, hatte ihm beigebracht, Schlingen und Fallen für alle Arten von Getier anzufertigen. Die großen ungiftigen Spinnen jener Gegend, die Fliegen, Schmetterlinge, der Pillendreher, den man auch Skarabäus nennt, die Heuhüpfer, ja sogar die Skorpione, die er sehr geschickt ihres giftigen Stachels beraubte, waren seine Opfer und seine bevorzugten Gefangenen. Einmal hatte ihn ein Skorpion gestochen und immer erinnerte er sich an die scheußlichen Schmerzen, die

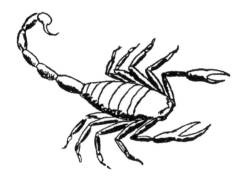

er gelitten, obwohl ihm „Bruder Türe" mit seinen Lippen das Gift aus der rechten Wade gesogen hatte. Seitdem hatte er den Skorpionen in seinem Innern Rache geschworen. Eines Tages war ein Bauer ins Kloster gekommen, um sich einen Spaten zu erbitten, den er dringend brauchte. Von diesem Mann hatte er erfahren, dass die Gegend von Skorpionen wimmle und dass man sie, da sie so furchtbar gefährlich und böse seien, dazu verurteile, an der Sonne zu sterben, die sie nicht leiden können, weil sie immer zwischen den Pflanzen und unter den Steinen an kühlen und dunklen Orten leben. So zog Marcelino, wovon die Brüder nichts wussten, manchmal auf die Jagd nach Skorpionen. Er lüpfte die Steine und wühlte mit seinem Stock in den Pflanzen an der Gartenmauer. Wenn das ekelhafte Tier, feuerrot wie ein Flusskrebs, sich zeigte, beraubte er es mit einem Schlag seiner Giftdrüse, spießte ihm dann einen anderen zugespitzten Stock mitten durch den Leib und ließ es so aufgespießt an der Sonne zugrunde gehen. Nach einigen dieser Heldentaten wusch man ihm heftig den Kopf und zog ihn, freilich nicht allzu unsanft, an den Ohren.

Wenn er von seinen Jagden zurückkehrte, war seine größte Sorge die, seine Gefangenen zu hüten. Er bewahrte sie in Büchsen auf, wenn es Frösche oder Kröten waren oder in Schachteln mit Luftlöchern, wenn es sich um Käfer und Heuhüpfer handelte. Zu seinem größten Staunen fand er jeden Morgen, wenn er aufwachte, die verschiedenen Büchsen und Schachteln leer: Die Gefangenen waren in der Nacht entflohen. Nie erfuhr Marcelino, dass die guten Brüder, die seine bösen Streiche kannten, nachts, wenn er schlief, die kleinen Geschöpfe Gottes befreiten.

Doch Marcelino war nicht immer grausam zu den Tieren. Mehr als einmal half er dem alten Klosterkater Mochito, der halb blind war und dem ein Ohr fehlte, weil er es in einer furchtbaren Schlacht mit einem großen Köter verloren hatte, bei der Mäusejagd.

Man hätte den Kater einen Vegetarier nennen können, denn Fleisch kam so gut wie nie in dieses arme und fromme Haus und er fraß, was es dort gab, ob es nun grüne Bohnen oder Kartoffeln mit Karotten waren.

„Nicht dorthin, mein Freund", sagte Marcelino zu Mochito, wenn sie zusammen auf die Jagd gingen.

Geschickt verstand es Marcelino, die Mauselöcher mit Stecken oder Steinen zu verrammeln. Er half damit Mochito ausgezeichnet, aber wenn die Maus gefangen war, sah er verzweifelt, wie die Katze zerstreut und fast schlafmützig mit dem Tierchen spielte, ohne ihm etwas anderes anzutun, als ihm den Weg zu versperren oder ihm leichte Prankenschläge zu versetzen, die es unverwundet ließen.

„So muss es nur noch mehr leiden", sagte Marcelino, indem er das nachsprach, was die Brüder ihm selbst zu sagen pflegten; und dann griff er manchmal ein und schlug die Maus mit seinem Stock rasch tot.

„Da hast du sie nun!", sagte er.

Aber Mochito war kein Freund der Gewalttätigkeit und verabscheute blutige Schauspiele. Nachdem er sich davon überzeugt hatte, dass sich die Maus nicht mehr bewegte, wandte er Marcelino seine traurigen, halb blinden Augen zu, als wollte er fragen:

„Warum hast du sie kaputt gemacht? Hast du nicht gesehen, dass ich meinen Spaß daran hatte?"

Die Brüder aber, wenn sie die langen Gespräche belauschten, die Marcelino mit sich selbst oder mit den kleinen Feldtieren führte, sagten staunend einer zum anderen:

„Wie ein kleiner heiliger Franz!"

Schöner heiliger Franz! Marcelino konnte wohl einer Ameise, die etwas zu Schweres trug, ihre Last abnehmen, aber auch den Ameisenhaufen mit Erde zuschütten, um zu sehen, wie die Ameisen verwirrt ihre Arbeit unterbrachen, unbesonnen und toll herumliefen, als hätten sie den Weg verloren und wüssten nicht mehr, wo sie waren.

Bei seinen Spielen sprach Marcelino immer mit einem Unsichtbaren. Das war das erste Kind, das er in seinem Leben gesehen hatte. Einmal nämlich geschah es, dass eine Familie, die aus einem Dorf in ein anderes übersiedelte, vom Prior die Erlaubnis erhielt, in der Nähe des Klosters zu rasten, um sich mit Wasser und anderem, was sie brauchte, zu versorgen. Mit der Familie kam der kleinste ihrer Söhne, der Manuel hieß und so lernte Marcelino zum ersten Mal einen Gleichaltrigen kennen. Er konnte ihn nicht vergessen, obgleich er mit ihm beim Spielen damals nur ein paar Worte gewechselt hatte.

Von da an bildete er sich ein, Manuel sei immer an seiner Seite und er sah ihn so genau vor sich mit dem blonden Schöpfchen über den Augen und dem aufgestülpten, nicht ganz sauberen Näschen, dass er ihm manchmal sagte:

„Schau, Manuel, geh' fort! Siehst du nicht, dass du mich störst!"

Oft fragte sich Marcelino, wo er eigentlich herstamme, aus welcher Familie, fragte nach seiner Mutter, seinem Vater, auch nach seinen Geschwistern, denn er wusste, fast alle Kinder hatten solche. Oft fragte er auch zwei oder drei der Brüder danach, die ihm die liebsten waren, erhielt aber keine andere Antwort, als die Erzählung von seiner Aussetzung an der Kloster-

tür und, wenn er hartnäckig war und vor allem etwas
von seiner Mutter wissen wollte, sah er nur eine Bewegung, die ihm sehr unbestimmt schien und hörte
dazu die wenigen Worte:

„Im Himmel, Kind, im Himmel."

Marcelino wusste, dass die großen Leute alles wissen
und alles können, aber da er genau beobachtete, hatte
er auch bemerkt, dass sie sich manchmal irrten. Konnten sie sich nicht auch mit seiner Mutter irren und mit
dem Himmel, zu dem er so oft aufgeschaut hatte, um
seine Mutter dort zu sehen? Marcelino war ein kluges
Kind und weil er in seinem Leben fast immer allein
gewesen war, beobachtete er sehr gut. So nutzte er
die Zerstreutheiten der Brüder aus, um sich im Garten
ungesehen etwas Leckeres zu stibitzen, denn etwas

anderes gab es in dem armen Kloster nicht oder um sich von einer ihm aufgetragenen Arbeit zu drücken.

In diesem Paradies, das das Kloster, der Garten und das Feld ringsum für ihn waren, gab es nur einen „Baum des Guten und Bösen", das heißt es war dem Kind nur eines streng verboten, nämlich die Stiege zum Speicher und zum Bodenkämmerchen hinaufzusteigen, denn diese war sehr zerfallen und für einen so kleinen Buben gefährlich. Zuerst hatten ihn die guten Brüder mit den großen schwarzen Mäusen geschreckt, die sich dort, so erzählten sie, dutzendweise herumtrieben, sehr lange Schwänze und Schnurrbärte und furchtbare nadelspitze Zähne hätten. Aber Marcelino wusste mehr von Mäusen als selbst die Brüder. Darum sagten sie ihm, um seine Neugier zu zähmen, dort verstecke sich ein sehr großer Mann, der ihn bestimmt packen und für immer fortschleppen werde. Dennoch schaute Marcelino trübsinnig auf jene verbotene Stiege und kein Tag verging, an dem er sich nicht vornahm, am nächsten Morgen hinaufzuklettern, wenn die Brüder fortgegangen waren und nur der Koch, der Pförtner und die Gärtner zurückblieben, ein jeder von ihnen durch seine Arbeit abgelenkt. Aus dem einen oder anderen Grund war es Marcelino nie gelungen, seinen verwegenen Plan zu verwirklichen, vor allem weil er einmal seinen Fuß auf die zweite Stufe zu setzen versucht und das Holz so fürchterlich geknarrt hatte, dass dem vorwitzigen Buben die Haare zu Berge standen.

34

Er dachte und überlegte und schließlich gelang es ihm, einen Plan zu machen. Er würde barfuß hinaufsteigen, die Sandalen am Fuß der Stiege lassen und, bevor er die Füße auf die Stufen setzte, jede von ihnen mit einem Stock untersuchen, um zu sehen, welche von ihnen mehr und welche weniger knarrte. Das Schwierigste war, die ersten fünfzehn Stufen zu erklimmen, denn da konnte ihn jemand von unten her sehen. Hätte er aber einmal die Krümmung der Stiege hinter sich, dann wäre er in Sicherheit und könnte seine Forschungsreise unbekümmert fortsetzen.

Gedacht, getan. Er benutze einen stillen Nachmittag, an dem die Brüder mit ihren Verrichtungen beschäftigt oder abwesend waren. Da war nur ein Bruder im Garten und in der Küche, nämlich „Bruder Brei", der auch die Pforte versah, weil „Bruder Tür" fortgegangen war und „Bruder Übel" lag in seiner Zelle. Marcelino besorgte sich einen guten Stock, zog sich, wie er es ausgedacht hatte, die Sandalen aus, nahm sie in die eine Hand und den Stock in die andere und stieg langsam und vorsichtig die Stiege hinauf. Er setzte den Fuß nur auf die Stufen, von denen er glaubte, dass sie nicht knarren würden, weil er zuvor den Stock darauf gestemmt hatte. Er kletterte ganz langsam und das Herz schlug ihm sehr laut, denn er wusste, dass er etwas Verbotenes tat. Trotzdem brachte er es nicht über sich, umzukehren und zu tun, was man ihm aufgetragen hatte. Als er die Krümmung der Stiege hinter sich hatte, atmete er ruhiger. Da lagen vor ihm, endlich erreichbar, der Speicher und das Bodenkämmerchen. Aber in diesem Augenblick hörte er vom Garten her seinen Namen rufen:

„Marcelino! Marcelino!"

Es war die Stimme des Bruders Gil. Sicherlich hatte der eine Kröte gefunden und rief ihn, um sie ihm zu zeigen. Marcelino blieb erschrocken stehen. Dann aber wurde ihm klar, dass er Zeit hatte, um ganz hinaufzusteigen, einen Blick in den Speicher zu werfen, in den Garten zurückzukehren und so zu tun, als hätte er nichts gehört.

„Vorwärts, Manuel!", sagte er zu sich selbst.

Dann stieg er weiter und kam ganz nach oben. Er öffnete sorgsam die Speichertür. Das war, wie er sich's gedacht hatte, ein Paradies. Da war trockenes Holz, da waren leere Kisten, Pfähle und Blumentöpfe. Das schien ein herrlicher Ort, um dort im Winter zu spielen, wenn es außerhalb des Klosters kalt war. Dann wandte er sich sehr vorsichtig der Tür des Bodenkämmerchens zu. Er lugte durch die Bretterritzen und sah nur Dunkelheit. Endlich öffnete er ein wenig die Tür. Das Holz knarrte erbärmlich. Er stieß sie weiter auf. Als sie offen genug war, steckte er den Kopf hinein und schaute sich um. Das Kämmerchen war kleiner als der Speicher und hatte nur ein kleines verschlossenes Guckloch, durch das spärliches Licht fiel. Langsam gewöhnten sich Marcelinos Augen an diese Dunkelheit und er konnte einige Dinge erkennen.

Da waren zerbrochene Stühle, Tische, Bretter und anderes Gerümpel, doch alles ordentlicher als auf dem Speicher. An der rechten Wand sah man etwas wie ein Bord mit sehr verstaubten Büchern und Schriftbündeln. In der Mitte war das Guckloch und darunter der aufgeschichtete Hausrat. Als Marcelino seinen Kopf drehte, den er zwischen die Tür und den Türrahmen geklemmt hatte, um nach links zu schauen, erkannte er nicht gleich, was da war, aber ganz langsam sah er etwas wie die Gestalt eines sehr großen, halb nackten Mannes mit weit geöffneten Armen, der ihm den Kopf zuwandte. Der Mann schien ihn anzublicken und Marcelino hätte fast einen Schreckensschrei ausgestoßen. So hatten ihm also die Brüder nichts vorgemacht! Da war wirklich ein Mann und der würde ihn vielleicht für immer mitnehmen! Marcelino zog mit einem Ruck den Kopf aus der Tür, nicht ohne sich ein Ohr daran aufzuritzen und schlug sie hinter sich zu. Barfuß und ohne an den Stock zu denken noch an Manuel oder den Lärm, den es geben konnte, sprang er verwirrt die Stiege hinunter. Er lief durch den Gang und als er aufs Feld kam, warf er sich unter einem Baum auf die Erde. Er war furchtbar erschrocken, denn es war wirklich wahr: Im Bodenkämmerchen gab es einen schrecklichen Mann. Marcelino zog sich die Sandalen an und schlich, immer noch zitternd, in den Garten.

Gewiss aber war der Mann, den er gesehen hatte, einer, an den er nun zu allen Stunden denken musste, doch sprechen konnte er mit niemandem darüber. Die Brüder würden ihn strafen und diesmal, dachte er, täten sie gut daran.

Am Morgen war der Himmel voller Wolken gewesen und endlich brach ein Gewitter los. Marcelino war auf einen Baum geklettert und bemühte sich, ein Vogelnest zu stehlen, doch als der Himmel schwarz wurde und die ersten Donner rollten, rutschte er von dem Baum herunter und flüchtete sich im Regen ins Kloster. Marcelino konnte Gewitter nicht leiden, immerhin war es ihm lieber, wenn sie tags kamen. Nachts, wenn die Blitze sein winziges Zimmerchen erhellten, fürchtete er sich noch viel mehr davor. Er schlief nämlich in dem einzigen Bett, das es im Hause gab, denn die Brüder schliefen, um sich zu kasteien, auf Brettern und auf der heiligen Erde. Die großen Herbstgewitter weckten Marcelino in der Nacht und dann ängstigten ihn lange die Donnerschläge, die Blitze und vor allem das Prasseln des nicht enden wollenden Regens auf den Dächern. Marcelino konnte auch den Winter nicht leiden, denn im Winter kam er viel seltener auf die Felder hinaus und im Kloster langweilte er sich und, was das Ärgste war, die Brüder fingen an, ihn zu unterrichten. Seit dem letzten Winter kannte er schon die Buchstaben. In dem, der nun begann, so hatte ihm der Prior gesagt, müsste er lesen lernen. Marcelinos Schulbildung war nicht gerade groß. Er konnte beten, das versteht sich von selbst, und er wusste, was im Katechismus steht, aber auf den Rat des Priors hatten ihn die Brüder nicht mit mehr geplagt als damit.

Während er vor der Tür des Klosters den Regen hernieder rauschen sah, dachte Marcelino an den kommenden Winter ohne irgendetwas, was Spaß macht. Im Winter sah alles so traurig aus! Die meisten Vögel zogen fort und die anderen Tiere versteckten sich. Da blieb Marcelino nur Mochito, aber der war alt und mochte nicht mehr spielen und fauchte seinen Freund manchmal heftig an. Diese Gedanken erinnerten Marcelino an den Mann im Bodenkämmerchen. Mehrere Tage waren vergangen, seit er ihn zum ersten Mal gesehen hatte. Marcelino dachte, dass er, wenn es erst Winter wäre, nicht hinaufsteigen könne, denn dann blieben die Brüder viel mehr daheim, wenngleich sie sich weder vor Gewittern noch vor Regen und Kälte fürchteten und regelmäßig ihren Verrichtungen nachgingen, aber sie kamen früher heim. Auch war das Haus dann stiller und sie hätten ihn hören können. So beschloss Marcelino, hinaufzusteigen, um den Mann zu sehen, bevor der Winter kam.

Er hatte sehr viel über ihn nachgedacht, so viel, dass er auf die verschiedensten Vermutungen gekommen war. Vor allem fragte er sich, ob jener Mann jemals das Bodenkämmerchen verließ oder ob er immer dort blieb, mit weit offenen, gegen die Wand gelehnten Armen, wie „Bruder Übel" auf seinem Lager nun schon seit vielen Jahren lag. War auch der Mann im Bodenkämmerchen krank? Er fühlte wohl die Angst, die über ihn gekommen war, als er ihn gesehen hatte, doch auch Mitleid und Kummer, wenn er dachte, der Mann im Bodenkämmerchen könnte krank, nackt und allein da oben sein und er wünschte sich heftiger, noch einmal hinaufzusteigen und genauer nachzuschauen. Vielleicht hatte er sich nur darum so sehr gefürchtet, weil die Brüder sagten, dieser Mann könne ihn für immer mitnehmen. Aber wenn er ihn hätte mitnehmen wollen, dachte Marcelino, hätte er nicht so lange zu warten brauchen. Wie oft war er fast allein im Kloster, im Garten, auf dem Feld gewesen! Gegen einen Erwachsenen hätte er sich nimmermehr wehren können und sich von ihm mitnehmen lassen müssen, ob er wollte oder nicht.

Als der Regen aufhörte und das Gewitter abgezogen war, hatte Marcelino sich entschlossen. Sein Plan war fertig und darin spielte auch Manuel, der unsichtbare Freund, eine Rolle, außerdem Mochito, der ganz nahe beim Küchenherd saß und seine halb blinden Augen schloss.

„Schau, Manuel, wir müssen hinaufsteigen. Ich tue dasselbe wie das erste Mal: Ich nehme meinen Stock und die Sandalen in die Hände. Wenn ich an der Tür bin, öffne ich sie ein wenig und schaue eine Weile hinein, um zu sehen, ob der Mann sich bewegt. Wenn er sich bewegt, laufen wir davon. Wenn nicht, öffne ich mit dem Stock das Guckloch und wir sehen ihn uns an. Während ich all das tue, bewachst du die Treppe, nicht wahr? Sonst sehen uns die Mönche und erwischen uns."

Marcelino wartete nun auf den günstigen Augenblick. Jedes Mal, wenn er daran dachte, fiel ihm das Atmen schwer. Aber nach und nach gewöhnte er sich daran und nun war er nur noch darauf aus, die Gespräche der Brüder zu belauschen, um den Tag herauszufinden, an dem er sich in sein zweites Abenteuer stürzen konnte.

Endlich kam dieser Tag. Die Gewitter waren ausgeblieben. Wie stets im Herbst waren die Brüder damit beschäftigt, so früh wie möglich die Vorbereitungen für den Winter zu treffen. Sie machten große Anstrengungen, als der Prior die Weisung gab, das Haus in Ordnung zu bringen und so viele milde Gaben wie nur möglich einzusammeln. Der Winter dauerte lange und die Wege waren in der schlechtesten Zeit nicht begehbar. Es gab Jahre, in denen die Brüder gegen ihren Willen einen Monat und sogar länger im Kloster eingesperrt blieben, sei es wegen des Schnees, des Windes oder der strengen Kälte. Dann bekamen sie natürlich nicht einen einzigen Besuch und empfingen keinerlei Almosen. Es war also die Zeit des Kämpfens gegen den heranrückenden Winter gekommen. Die Brüder betätigten sich nunmehr vor allem außerhalb des Klosters und so kamen Tage, die für Marcelinos Pläne günstig waren. Wenn er zögerte, dann war es bald so weit, dass die Brüder damit begannen, das Kloster auszubessern, die Dachrinnen und das Ziegeldach und die Fenster und all jene Ritze zu flicken, durch die die Kälte eindringen konnte.

An einem schon recht kühlen, sonnenlosen Nachmittag benutzte Marcelino die Abwesenheit der meisten Brüder. Wie gewöhnlich blieben im Haus außer „Bruder Übel" nur Bruder Gil, der im Garten arbeitete, und „Bruder Brei" in der Küche, der zugleich die Tür hütete. Schon hatte Marcelino einen langen Stock be-

reit, um die Stiegenstufen damit zu untersuchen und,
wenn das möglich wäre, den Laden des Gucklochs im
Bodenkämmerchen damit zu öffnen. Heimlich, doch
immer im Gespräch mit seinem Freund Manuel, stieg
er hinauf. Auf der vierten oder fünften Stufe freilich
entlockten seine nackten Füße dem Holz einen knar-
renden Ton und er erschrak sehr. Aber er fasste sich

ein Herz, wenn ihm dieses Herz auch heftig in der Brust herumsprang.

„Vorsicht, Manuel", sagte er zu seinem unsichtbaren Freund. Dann stieg er aufwärts.

Diesmal hielt er sich nicht damit auf, in den Speicher hineinzuschauen. Als er unmittelbar vor der Bodenkammer stand, öffnete er sehr vorsichtig die Tür, denn er wusste, wie sie knarrte, und lauschte, ob er etwas hörte, vielleicht die Atemzüge des Mannes da drinnen. Aber er hörte nur das Klopfen seines Herzens, das immer schneller schlug. Er öffnete den Türspalt etwas mehr, steckte den Kopf hinein, schaute um sich und hörte die leisesten Töne im Holz, die ein kleines, darin verborgenes Tier hervorbringt, das man den Holzwurm nennt. Endlich konnte er den großen Mann erkennen. Er sah aus wie beim ersten Mal und man hörte ihn nicht atmen. Es war, als ob der Mann Marcelino anschaute, doch wegen der großen Dunkelheit konnte er seine Augen nicht sehen. Um zu sehen, was er tun werde, steckte Marcelino seinen Stock durch den Spalt und streckte ihn angstvoll, doch wissbegierig und sich fragend, was nun wohl geschehen werde, auf den Mann zu. Aber der Stock fiel vor dem Mann auf den Boden und es geschah gar nichts. Gewiss war dieser Mann krank oder sogar gestorben. Da entschloss sich Marcelino einzutreten, doch vorher drehte er den Kopf zur Stiege um und flüsterte:

„Vergiss nicht, mich zu rufen, Manuel, wenn einer der Mönche kommt."

Es half ihm nichts, er zitterte am ganzen Körper, wenn er dachte, „Bruder Brei" könnte ihn überraschen oder Bruder Gil oder vielleicht „Bruder Glocke", der immer als Erster heimkam, obwohl er doch im ganzen Kloster die kürzesten Beine hatte. Aber am meisten fürchtete er sich vor dem Prior, wenn er ihn auch am liebsten hatte. Indem er all das überlegte, steckte er ein Bein durch den Türspalt und dann den Körper und endlich das andere Bein. Da war er nun im Bodenkämmerchen. Er ging ein wenig weiter und stieß auf etwas, was er nicht gesehen hatte. Das gab einen Lärm, der Marcelino so gewaltig schien wie ein Donnerschlag. Er hielt den Atem an und kauerte sich zusammen wie ein Käfer. Furchtbar schlug ihm das Herz. Wenn der Mann von diesem Lärm jetzt erwacht wäre und ihn gepackt und für immer mitgenommen hätte? Was hätte er, der noch nicht einmal sechs Jahre alt war, dagegen tun können? Vor Angst klapperte er mit den Zähnen wie mit Kastagnetten. Doch nach einer guten Weile sah er, dass nichts geschah: Weder stiegen die Brüder herauf noch erwachte der Mann. Er bewegte sich auch nicht. Marcelino war ermutigt und bewegte seine Füße vorsichtig auf dem Boden nach vorne, um nicht noch einmal Lärm zu machen. So näherte er sich mit seinem, wie eine Lanze gehaltenen Stock dem Guckloch. Bei dem wenigen Licht, das durch die Spalten des Fensterladens drang, sah er, wie er ihn öffnen könnte. Das kostete ihn reichliche Mühe, denn der war offenbar seit langer Zeit nicht mehr aufgemacht worden. Dann hörte er ein ihm vertrautes Geräusch und musste darüber lachen: Eine erschrockene Maus sprang in ihr Loch. Endlich gelang es ihm, den Laden ein wenig zu öffnen und nun schaute er dorthin, wo der Mann war.

Noch nie hatte Marcelino ein so großes und schweres Kruzifix gesehen, nie einen Christus, der so groß war wie ein richtiger Mensch und der auf ein baumhohes Kreuz genagelt war. Er trat an den Fuß des Kreuzes und schaute dem Herrn fest ins Gesicht und auf das Blut, das aus den von der Dornenkrone gerissenen Wunden über die Stirn, aus den ans Holz geschlagenen Händen und Füßen und aus der großen Wunde an der Brust herabrann. Da füllten sich seine Augen mit Tränen. Jesus hatte die seinen geöffnet, aber weil er seinen Kopf auf den rechten Arm lehnte, konnte er Marcelino nicht sehen. Der Bub stellte sich in seinen Blick. Der Leib Christi war sehr abgezehrt und der Bart fiel ihm in Wellen auf die Brust. Die Wangen waren eingefallen und sein Anblick erweckte in Marcelino ein ungeheures Mitleid. Oft hatte der Bub Jesus gesehen, doch nur gemalt, auf einem Altarbild in der Kapelle oder auf den spielzeugkleinen Kruzifixen, die die Mönche trugen. Doch nie hatte er ihn wirklich gesehen wie jetzt mit dem nackten Leib, den er mit seinen Armen umfassen

50

konnte und hinter dem Luft war. Dann aber berührte er die mageren und harten Füße, erhob seine Augen zum Herrn und sagte ohne Umstände:

„Du siehst hungrig aus."

Der Herr rührte sich nicht und sagte nichts. Da kam Marcelino plötzlich ein Einfall. Er reckte sich zu Jesus empor, damit er ihn höre und sagte:

„Warte, ich komme gleich."

Er ging zur Tür, stieg die Stufen hinab. Der Anblick des Herrn hatte ihn so erschüttert, dass er sich nicht darum kümmerte, ob er Lärm machte. Während er hinabkletterte, dachte er darüber nach, wie er „Bruder Brei" täuschen könne. Statt geradewegs in die Küche zu gehen, ging er zum Hinterfenster, das sich auf den Garten öffnete. Nachdem er gesehen hatte, dass Bruder Gil sehr weit weg war und sich bei seiner Arbeit über den Boden beugte, rief er von dort aus: „Bruder Brei, Bruder Brei, komm, da ist ein riesiges Tier!"

Kaum hatte er das gesagt, lief und versteckte er sich hinter der großen Holzkiste, die ganz nahe neben der Küchentür stand. Kurz darauf sah er „Bruder Brei" kommen, der etwas zwischen den Zähnen murmelte. Dann rannte er blitzschnell in die Küche, griff nach dem ersten besten Essbaren und lief gleich die Stiege hinauf. Als er an die Bodenkammer kam, schlich er sich wie ein Lufthauch hinein, näherte sich dem großen Christus, hob die Arme zu ihm empor und reichte ihm, was er gebracht hatte.

„Weißt du, es ist nur Brot", sagte er und streckte seine Hand so weit aus, wie er es vermochte. „In der Eile habe ich nicht mehr gefunden."

Da senkte der Herr einen Arm und nahm das Brot. Und sogleich begann er, obwohl er angenagelt war, es zu essen. Marcelino hob seinen Stock und seine Sandalen auf, lehnte den Fensterladen ein wenig an, entfernte sich vorsichtig und sagte mit leiser Stimme zum Herrn:

„Ich muss gehen, denn ich habe ‚Bruder Brei' betrogen. Doch morgen bring ich dir mehr."

Dann schloss er die Tür und stieg hinunter, um den Bruder zu suchen. Marcelino war froh. Ja, nun hatte er noch einen andern Freund neben Mochito, der Ziege und Manuels Schatten.

Dann aber kamen Tage, an denen es für Marcelino schwierig war, seinen neuen Freund zu besuchen. Mit der Novene, der neuntägigen Andacht zum heiligen Franz, begann das große Fest, mit dem die Brüder den Gründer ihres Ordens feierten. Sie gaben sich mehr als sonst einsamen Betrachtungen, Kasteiungen und dem schlechten Essen hin und waren von ihren Andachten und Gebeten ganz schrecklich in Anspruch genommen. Für Marcelino war auch der heilige Franz von Assisi ein guter Freund und er wusste aus dem Munde der Brüder weit mehr von ihm als die meisten Menschen in den großen Städten. Nur mit etwas im Leben des Heiligen war Marcelino nicht einverstanden: dass er sein Pferd verkauft hatte. So herrlich, wie Pferde sind und so groß wie die, die manchmal von den Landjägern, die das Gebiet durchstreiften, an der

Klosterpforte angebunden wurden! Auch Marcelino war verpflichtet, Tag für Tag an dieser Novene teilzunehmen. Er vertrieb sich die Zeit damit, das große Bild des Heiligen auf dem Altar der Kapelle anzuschauen, das in der Fastenzeit heller beleuchtet war als an gewöhnlichen Tagen.

Eines Nachts kam wieder ein Gewitter. In der Furcht um seinen Freund in der Bodenkammer und in der Erinnerung an ihn litt Marcelino heftiger darunter als sonst. Wenig hätte gefehlt, dass er trotz der Angst und der Blitze zu ihm hinaufgestiegen wäre, um den Herrn in der Bodenkammer in eine Decke einzuwickeln, nackt und armselig, wie er war und dem kalten Wind und Regen ausgesetzt, der durch das schlecht schließende Fenster eindrang. Doch dann ging diese schwierige Zeit endlich vorüber. Mit dem Ende der Novene kam der große Tag des heiligen Franz, an dem die Brüder, nachdem sie ihre alltäglichen Pflichten in- und außerhalb des Klosters erfüllt hatten, ihren Schutzpatron gewaltig feierten. Sie aßen dann auch das als milde Gabe empfangene Fleisch und öffneten einige Flaschen Rotwein, die man ihnen für die großen Gelegenheiten geschenkt hatte. In diesem Jahr brachte man ihnen auf einem Karren nicht weniger als eine halbe Kuh. Weder Marcelino noch Mochito ekelten sich sonderlich vor dem Fleisch, das so zart war, wie sie noch keines gesehen hatten. Aber gleich nach dem Essen, als Marcelino die Erlaubnis erhielt, aufs Feld hinauszulaufen, bedauerte er in Gedanken an seinen Freund da oben, dass er das Fleisch gegessen und genossen hatte. Der hatte kein Fleisch und kein Brot und nicht einmal ein bisschen Wasser. Marcelino quälte sich mit dem Gedanken herum, wie der Herr so lange von dem wenigen Brot hatte leben können, das er ihm vor über zwei Wochen gebracht hatte. Als er sich daran erinnerte, kehrte er plötzlich um, lief in die Küche und sah, dass dort noch mehr als die Hälfte des dem Kloster geschenkten Fleisches übrig geblieben war. Und er dachte, dass der Herr am nächsten Tag doch noch Fleisch und etwas dazu bekommen könnte und das tröstete ihn so sehr, dass er sich für den Rest des Tages seinen Lieblingsabenteuern hingab und sich weder Mochito noch seine Amme, die Ziege, noch die friedlichen Eidechsen an der Gartenmauer vor seinen Streichen und Missetaten retten konnten.

Mit dem Ende der Novene und dem Fest des Heiligen der Armut kehrte das tägliche Leben zurück und damit die Vorsorge der Brüder für den Winter. Sie gingen und kamen häufiger als sonst und mit Gottes Hilfe hatte sich die Speisekammer in jenen Festtagen reichlich gefüllt. Doch solange der Fleischvorrat anhielt, dauerte auch Marcelinos Vergesslichkeit. Es vergingen viele Tage, ehe er sich wieder an seinen unglücklichen Freund in der Bodenkammer erinnerte. Am letzten Fleischtag sah Marcelino mit jähem Schrecken, dass gerade noch für jeden im Haus eine Portion vorhanden war. Mit heftigen Gewissensbissen dachte er an den armen Hungernden, der da so blass und mager auf das Kreuz genagelt war. Sofort beschloss er, was immer auch geschehen möge, noch am gleichen Tag zu ihm hinaufzusteigen. So versah er sich mit seinem langen Stock und lauerte auf eine Gelegenheit, um mit vollen statt mit leeren Händen zu kommen. Doch „Bruder Brei" trennte sich auch nicht einen Augenblick von seiner Küche und für Marcelino war die Sache wieder einmal schwierig, bis er in einem Augenblick, in dem der gute Bruder abgelenkt war, ein großes Stück Braten in seine Tasche steckte und bald darauf noch einen prächtigen Brocken von dem harten Brot, das die Brüder aßen, wenn sie es bekommen konnten. Mit diesen beiden guten Beutestücken wohl versehen nahm Marcelino seinen ganzen Mut zusammen und stieg die Stiege hinauf, diesmal, weil er nun an den guten Ausgang seiner Unternehmungen gewöhnt war, ohne sich die Sandalen auszuziehen, freilich sehr behutsam, um keinen verdächtigen Lärm zu machen. Als er in der Bodenkammer angekommen und schon ohne alle Furcht war, ging er gerade auf das Fensterchen zu und öffnete es. Dann schaute er dorthin, wo der Mann stand, sah ihn in seiner gewohnten Stellung, näherte sich ihm und sprach:

„Ich bin heraufgestiegen, weil es heute Fleisch gibt."

Doch bei sich dachte er: „Wenn er wüsste, dass ich so viele Tage lang Fleisch gegessen habe und nicht nur heute."

Aber der Herr sagte nichts und Marcelino achtete nicht weiter auf dieses Schweigen, während er das

Fleisch und das Brot aus seiner Tasche hervorholte
und beides auf den Tisch legte, der sich nur durch ein
Wunder auf seinen drei Beinen hielt. Dann sagte er,
ohne den Herrn anzuschauen:

„Nun steig von dort herunter und setz dich hierhin und iss."

Da bewegte der Herr ein wenig den Kopf und schaute ihn mit großer Sanftmut an. Und danach stieg er vom Kreuz herab und setzte sich an den Tisch, ohne Marcelino aus den Augen zu verlieren.

„Fürchtest du dich nicht?", fragte der Herr.

Aber Marcelino dachte an etwas anderes und sagte zum Herrn:

„Du wirst vorige Nacht sehr gefroren haben, in der Gewitternacht!"

Der Herr lächelte und fragte abermals:

„Fürchtest du dich gar nicht vor mir?"

„Nein!", antwortete der Bub und schaute ihn ruhig an.

„Weißt du denn, wer ich bin?", fragte der Herr.

„Ja", antwortete Marcelino. „Du bist Gott."

Da setzte sich der Herr sogleich an den Tisch und begann, das Fleisch und auch das Brot, nachdem er es gebrochen hatte, zu essen, wie nur er das kann. Und gleich legte Marcelino seine Hand vertraulich auf seine bloße Schulter.

„Hast du Hunger?", fragte er.

„Großen", antwortete der Herr.

Als Jesus das Fleisch und das Brot aufgegessen hatte, sah er Marcelino an und sagte zu ihm:

„Du bist ein gutes Kind und ich danke dir."

Marcelino antwortete lebhaft:

„Das tue ich auch für Mochito und für andere."
Doch, wie schon vorhin, dachte er wieder an etwas
anderes und fragte:
„Hör', du hast viel Blut im Gesicht und auf Händen
und Füßen. Tun dir deine Wunden nicht weh?"

Da neigte der Herr sein Haupt und gleich benutzte
Marcelino die Gelegenheit, ihm die Dornenkrone ab-
zunehmen und sie auf den Tisch zu legen. Der Herr
ließ das geschehen und schaute Marcelino mit einer
Liebe an, die war so groß, wie Marcelino sie noch nie
in einem Gesicht gesehen hatte. Und plötzlich sagte
Marcelino, indem er auf die Wunden wies:
„Könnte ich sie nicht heilen? Es gibt ein Wasser,
das brennt und das man trotzdem benutzt und bei mir
heilen sie damit alles."
Jesus bewegte das Haupt:
„Ja, das kannst du, aber nur, wenn du braver bist."
„Das bin ich schon", sagte Marcelino flink.
Dabei berührte er versehentlich die Wunden des
Herrn mit seinen Fingern und diese wurden davon ein
wenig blutig.
„Hör", sagte das Kind, „könnte ich nicht die Nägel
aus dem Kreuz ziehen?"
„Dann trüge es mich nicht mehr", erwiderte der
Herr.

Dann fragte er Marcelino, ob er auch seine Geschichte gut kenne und Marcelino sagte: Ja, aber er hätte sie

gern von ihm selbst gehört, um zu wissen, ob sie auch wahr sei. Und Jesus erzählte ihm seine Geschichte. Er erzählte ihm, wie er ein Kind gewesen war und mit seinem Vater gearbeitet hatte, der ein Tischler war; wie er seine Eltern einmal verloren hatte und sie ihn fanden, als er mit den Ältesten der Stadt sprach, wie er herangewachsen war, was er getan und wie er gepredigt und wie er Freunde und Schüler gefunden hatte und wie sie ihn schließlich geschlagen und angespien und vor den Augen seiner Mutter gekreuzigt hatten. So verging der Nachmittag und die ersten Schatten fielen. Da nahm Marcelino Abschied und sagte, er werde am nächsten Morgen bestimmt wiederkommen. Und Marcelino hatte Tränen in den Augen und Jesus selbst wischte sie ihm mit den Fingern von den Lidern, damit die Brüder nicht sähen, dass er geweint hatte. Marcelino fragte ihn, ob er sich freuen würde, wenn er morgen wiederkäme oder ob ihm das einerlei sei. Jesus, der schon aufgestanden war, um zu seinem Kreuz zurückzukehren, sagte:

„Ja, es freut mich. Und ich will, dass du morgen kommst, Marcelino."

Marcelino verließ die Bodenkammer ein wenig verwirrt und dachte darüber nach, wie der Herr nur wissen konnte, dass er Marcelino hieß und nicht anders, vielleicht wie der Bruder Gil oder der „Bruder Brei" oder Mochito. Und er staunte auch darüber, dass die Blutspuren ganz von selbst verschwunden waren.

Marcelino schlief sehr gut und erwachte am nächsten Tag, ohne geträumt zu haben, weder von Tieren noch von Gewittern noch von dem leckeren Fleisch, das er gegessen hatte. Er erinnerte er sich an das Versprechen, das er dem Mann in der Dachkammer gegeben hatte. Er ging den ganzen Morgen herum und dachte darüber nach, wie er heraufsteigen könnte, ohne dass sie ihn sähen und was er seinem Freund heute zu essen bringen könnte. Aber zufällig ließen sich die

Dinge besser an, als er gedacht hatte und bei einem seiner Besuche in der Küche, wo ihn „Bruder Brei" nicht immer freundlich empfing, weil er wusste, dass Marcelino nie zufällig kam, sondern um sich von den Mahlzeiten etwas im Voraus zu nehmen, fand er die Küche verlassen und steckte sich gleich ein großes Stück Brot in die Tasche und ließ seine Blicke überall herumschweifen, um zu sehen, was er noch mitnehmen könnte. Aber da er nichts anderes gesehen hatte als den großen Kessel mit dem Kohl auf dem Feuer, bemerkte er plötzlich nicht weit von sich eine halb gefüllte Weinflasche, die gewiss von den vergangenen Festtagen übriggeblieben war. Er ergriff rasch einen Blechnapf, füllte ihn bis zum Rande, eilte zur Stiege, an die er sich nun gewöhnt hatte, und stieg fast furchtlos hinauf. Unterwegs fiel ihm ein, dass er leider in der Bodenkammer seinen Stock vergessen hatte, der ihm zum Öffnen des Guckloches diente. Dennoch trat er unerschrocken ein, sagte dem Herrn noch aus dem Dunklen heraus „Guten Tag!" und der Herr antwortete vom Kreuz her:

„Guten Tag, lieber Marcelino."

Als das Licht schon durch das enge Fensterchen drang, trat Marcelino an den Tisch, stellte zuerst den Wein darauf, von dem er freilich ein wenig verschüttet hatte und dann das Brot. Der Herr war, ohne etwas anderes zu sagen, von seinem Kreuz herabgestiegen und stand neben ihm.

„Höre", sagte Marcelino und leckte sich einige Tropfen Wein von den Fingern, „ich weiß nicht, ob dir der Wein schmecken wird, aber die Brüder sagen, er wärme. Ich habe auch gedacht", fuhr er fort, ohne den Herrn antworten zu lassen, „dass der Winter kommt, genau wie im vorigen Jahr und dass …" Und da unterbrach er sich und schaute den Herrn sehr aufmerksam an.

„Und dass … Was denn?", ermutigte ihn der Herr.

„Ich meine …", Marcelino zögerte. „Ich meine,

dass ich dir eine Decke bringen will, damit du dich ein wenig zudeckst und nicht so kalt hast. Aber ich weiß nicht, ob das nicht Stehlen ist."

Der Herr hatte sich gesetzt und Marcelino stand dicht neben ihm und sah, wie er das Brot aß und dann und wann den Blechnapf an die Lippen hob. Dann sagte der Herr:

„Gestern habe ich dir meine Geschichte erzählt, aber du hast mir die deine noch nicht erzählt."

Marcelino machte die Augen weit auf und schaute den Herrn überrascht an. „Meine Geschichte", sagte der Bub, „dauert nicht lange. Ich habe keinen Vater und die Brüder lasen mich auf, als ich ganz klein war und nährten mich mit der Milch der alten Ziege und mit einigen Süppchen, die mir „Bruder Brei" machte und ich bin fünf und ein halbes Jahr alt."

Dann unterbrach er sich. Da schaute ihn der Herr an und Marcelino fuhr fort:

„Ich habe auch keine Mutter gehabt."

Dann aber unterbrach er sich abermals. Endlich fragt er den Herrn:

„Du hast eine Mutter, nicht wahr?"

„Ja", antwortete der Herr.

„Und wo ist sie?", fragte Marcelino.

„Bei der deinen", sagte Jesus.

„Wie sind denn Mütter?", fragte Marcelino. „Ich habe immer an meine gedacht und was mich am meisten freuen würde, wäre, sie zu sehen, und sei's nur für einen Augenblick."

Und gleich erklärte es ihm der Herr, wie die Mütter sind und sagte ihm, wie lieb und gut sie sind und wie sie ihre Kinder immer lieben und auf Trank und Speise und Kleider verzichten, um all das ihren Kindern zu geben. Während Marcelino dem Herrn zuhörte, füllten sich seine Augen mit Tränen und er dachte an seine Mutter, die er nicht kannte und stellte sich vor, dass sie noch viel, viel seidigeres Haar hätte als Mochito und noch viel größere Augen als die Ziege und auch viel liebere und er dachte an Manuel, der seine Mutter hatte und sie Mama nannte und der geweint hatte, als ihn Marcelino mit einer Wäscheklammer in sein Rotznäschen zwickte, sodass es ein wenig feucht wurde.

Endlich kam für Marcelino die Stunde, in der er gehen musste, nämlich als die Glocke zum Essen läutete und der Herr kehrte zu seinem Kreuz zurück. So sehr bewegte ihn, was Jesus von den Müttern erzählte, dass Marcelino diesmal vergaß, ihm die Dornenkrone abzunehmen, aber er nahm sich vor, es das nächste Mal nicht zu vergessen und sie sogar zu zerbrechen, damit sie Jesus nie mehr plage.

Es geschah etwas Seltsames in Marcelinos Herz, nämlich dass er in den Stunden, in denen er nicht hinaufsteigen und seinen Freund sehen konnte, in die Kapelle ging, und seine Blicke dort auf dem großen

Bild des heiligen Franz das kleine Kreuz suchten, das der Heilige in Händen hielt. Er erkannte darauf die Züge des Manns in der Bodenkammer und erinnerte sich aller seiner Worte. Das tröstete ihn sehr. Doch die Brüder, die sehr wenig daran gewöhnt waren, den Buben in der Kapelle zu sehen, fanden das recht merkwürdig. „Was hast du denn hier zu suchen?", fragte ihn eines Tages unwirsch „Bruder Glocke", der Sakristan.

Marcelino stieg noch an vielen Tagen hinauf und manchmal brachte er dem Herrn die seltensten und seltsamsten Speisen wie Nüsse oder schon halb getrocknete Trauben und Stücke schwarzen, trockenen Brots und einmal ein Stück Fisch, das ein wenig erdig war, weil er es hatte hinfallen lassen. Doch Jesus machte ihm nicht die geringsten Vorwürfe und aß alles zu Marcelinos großer Freude. Aber meistens brachte ihm Marcelino Brot und Wein herauf. Er hatte herausgefunden, dass er diese beiden Dinge am leichtesten bekommen konnte. Eines Tages entdeckte er einige Flaschen Wein, die auf dem Speicher neben der Bodenkammer in Kisten lagen und öffnete sie. Auch fand er heraus, dass das dem Herrn die liebste Nahrung war. Und einmal sagte Jesus herzlich lächelnd zu ihm:

„Von heute an sollst du ‚Marcelino Brot und Wein' heißen."

Dieser Name gefiel Marcelino, denn „Brot und Wein" heißt auf spanisch „pan y vino" und so reimt es

sich auf Marcelino. Der Herr erklärte „Marcelino pan y vino", wie er selbst, um unter den Menschen fortzuleben, die ihn gekreuzigt hatten, ihnen versprochen habe, immer unter ihnen zu bleiben in der Gestalt von Brot und Wein. Da war Marcelino sehr stolz darauf, nicht einfach Marcelino zu heißen, sondern „Marcelino Brot und Wein" und eines Tages bei Tisch, als die Brüder schweigend beim Essen saßen, sagte er so laut, dass alle es hörten:

„Ich heiße ‚Marcelino pan y vino'!"

Einige Brüder schauten ihn lächelnd, andere tadelnd an, denn beim Essen war in Gegenwart des Priors das Reden verboten. Der Prior aber, der zerstreut schien, richtete seine Blicke auf Marcelino und der Bub begann zu zittern, denn diese Blicke drangen tief in ihn hinein und schienen alle seine geheimsten Gedanken und Erinnerungen aus seinem Innersten herauszuwühlen.

Ungehindert lebte der Knabe in seiner Freundschaft mit Jesus fort und brachte ihm auch weiterhin zu essen. Es war ihm auch gelungen, dem Herrn die versprochene Decke zu bringen, ohne viel darüber nachzudenken, ob das Stehlen war oder nicht. Er kümmerte sich sehr viel weniger um die Tiere und jetzt war es Mochito, der Marcelino suchte und mit ihm spielen wollte und er gab sein Jagen auf und vergaß seine Büchsen mit Wasser und seine durchlöcherten Schachteln. Und er schien gedankenvoll und ein wenig traurig und ging oft in die Kapelle. Da ihn die Mönche so anders erlebten, als er sonst gewesen war, wurden sie besorgt und fast misstrauisch und beobachteten ihn aufmerksamer als sonst, ohne dass er das merkte. Und Marcelino hatte den Kopf voll von höchst geheimnisvollen Gedanken und vergaß Manuel. Seit sieben Tagen hatte er die Ziege, seine Amme, nicht gesehen und „Bruder Brei" keine Streiche gespielt und „Bruder Übel" nicht in seiner Zelle besucht. Der Prior war über das Kind beunruhigt und empfahl allen Brüdern, sie sollten aufmerksam sein. Da aber geschah etwas in der Küche.

Ja, der Prior machte sich richtige Sorgen um Marcelino. Und „Bruder Übel" beklagte sich darüber, dass Marcelino nicht mehr zu ihm kam. Auch die Ziege war beunruhigt. Plötzlich starb Mochito und auf Geheiß der Mönche begrub ihn Marcelino in einer Gartenecke, ohne eine einzige Träne zu vergießen. „Bruder Tür" und „Bruder Taufe" wurden bei ihren richtigen Namen gerufen. Und Marcelino half zum ersten Mal in seinem Leben „Bruder Glocke" in der

Kapelle. Der Küchenbruder, der gutherzige „Bruder Brei", ging ganz verstört und verloren herum, weil ihm täglich eine der zwölf, Marcelino eingerechnet, dreizehn Portionen fehlte, die es zu jeder Mahlzeit gab. Auch die anderen Brüder fanden Marcelino sehr verändert. Das ganze Klösterchen schien seit einiger Zeit auf dem Kopf zu stehen.

Eines Tages endlich versammelte der Prior die ganze Gemeinschaft, Bruder Gil ausgenommen, der den Auftrag erhalten hatte, Marcelino unter dem Vorwand, für ihn einige Schulbücher zu kaufen, ins Dorf zu führen, da der Winter nun so nahe bevorstand. Der Prior sprach den Brüdern von all seinen Zweifeln, gab Rat und erbat Rat über Marcelinos unverkennbare Verwandlung.

„Ich finde ihn ernster als sonst und so, als ob er ein kleiner Mann geworden wäre", sagte „Bruder Taufe".

„Ich finde ihn braver und weniger ausgelassen", sagte „Bruder Tür".

„Ich finde ihn frömmer", sagte „Bruder Glocke".

Zuletzt sprach der Prior:

„Unser Marcelino ist nicht mehr, wie er war", sagte er.

„Seine Schachteln und Büchsen sind immer leer", sagte ein anderer Bruder.

„Vor einigen Tagen habe ich ihn an der Mauer beten sehen, wo er sonst Eidechsen jagte", sagte ein Bruder, der Bruder Pio hieß und über den Marcelino immer sehr lachte.

„Beten?", fragte der Prior gleich voll Anteilnahme.

„Wirklich", antwortete Bruder Pio ein wenig verwirrt, „er sprach von Jesus und es war, als ob er mit ihm spräche."

Dann zog Bruder Pio seinen langen Gürtelstrick hoch und fuhr fort:

„Vielleicht hätte ich das nicht tun sollen, aber ich versteckte mich hinter einem Strauch und hörte ihn sagen: ‚Schau, ich will nicht mehr, dass du diese Krone trägst und ich will sie jetzt gleich zerbrechen'."

Da gab es ein großes Schweigen unter den Brüdern. Der Prior wandte sich plötzlich an „Bruder Brei", der bis dahin ganz still gewesen war:

„Höre, Bruder", fragte er ihn, „hast du nicht den Verdacht, dass Marcelino die Portion, die dir täglich fehlt, fortgetragen haben könnte, ohne dass du es bemerkt hast?"

Der Bruder bejahte mit einem Kopfnicken und der Prior fuhr fort:

„Wir alle wollen ihn genauer bewachen. Und du, Bruder, wache über deine Küche und lass dich nicht von einem so kleinen Kind hintergehen."

Und dann sagte ihnen der Prior, wie sie ihn besser überwachen könnten. Alle waren betrübt und dachten darüber nach, ob sich das Kind, weil es so fern von seinesgleichen und von Gleichaltrigen gelebt hat, nicht vielleicht irgendeine seltsame Krankheit zugezogen haben könnte, die nicht anders zu heilen war als durch eine schmerzliche Trennung von ihm.

Vielleicht war nach dem Prior, der ein Heiliger war, und nach „Bruder Übel", dem uralten, der immer im Sterben lag und nie schlafen konnte, „Bruder Brei" der gütigste unter den Brüdern, der Marcelino sozusagen am drittliebsten hatte. Doch von dem Tage an, an dem der Prior die Gemeinschaft versammelt hatte, nahm er sich vor, ihn zu überwachen und nie gelang es dem Buben, in seinen Machtbereich einzudringen, ohne dass der Bruder auf die eine oder andere Art zugegen gewesen wäre. Das mit der täglich fehlenden Portion ergrimmte „Bruder Brei", denn er war ganz sicher, dass er das Brot für dreizehn austeilte, das Fleisch und den Fisch für dreizehn, die Suppe und das Gemüse für dreizehn, das Obst, wenn es welches gab und die Jahreszeit dafür war, für dreizehn: zwölf Brüder und Marcelino.

„Zwölf Brüder und Marcelino", murmelte der gute „Bruder Brei" in sich hinein.

Eines Tages trug die Wachsamkeit Frucht. Marcelino war vorbeigekommen, als der Mönch noch einmal die

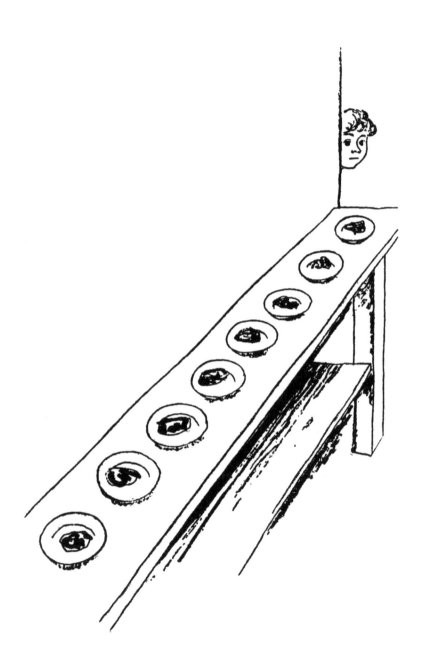

angerichteten Teller gezählt und, wie es sein sollte, dreizehn an der Zahl vorgefunden hatte. Als Marcelino verschwunden war, waren es zwölf Teller. Also war es Marcelino gewesen. Es fehlte ein Brot und ein Fisch. „Bruder Brei" suchte Marcelino überall, ohne ihn zu finden. Nicht eine Spur konnte er von ihm entdecken. Zur Essenszeit aber setzte sich der Kleine mit dem gewohnten Hunger an den Tisch. Das wäre seltsam gewesen, wenn er zuvor ein großes Stück Brot und einen stattlichen Fisch gegessen hätte. „Bruder Brei" nahm sich vor, noch genauer aufzupassen, doch am folgenden Tage geschah das Gleiche, das heißt, es fehlte eine Portion Brot, denn es gab nur ein Gericht, eine Art von Suppe mit Erbsen, Reis und Gemüse und die war noch im Kochtopf. Auch diesmal war das Brot verschwunden, nachdem auch Marcelino aus der Küche verschwunden war. Da entschloss sich „Bruder Brei" zum ersten Mal, dem Prior von seiner Entdeckung zu berichten.

„Jetzt wissen wir gewiss", sagte der Prior, „was mit diesen Speisen geschieht. Wenn du den Buben mit der Portion erwischen kannst, geh ihm nach, ohne dass er es merkt."

„Bruder Brei" gehorchte und so konnte er eines Nachmittags erstaunt beobachten, wie der Bub, nachdem er seine Tasche gut gefüllt hatte, sich der Stiege zum Speicher und zur Bodenkammer zuwandte, obwohl ihm das von jeher verboten war. Besorgt folgte ihm der gute Bruder und stellte sich hinter die Tür und sah durch die Ritzen, wie die Bodenkammer sich erhellte, als der Kleine wie stets den Fensterladen aufmachte. Aber mehr konnte er nicht sehen, denn plötzlich wurde ihm schwindelig und fast wäre er ohnmächtig geworden und mit seinem schweren Körper auf den Boden gefallen. Da stieg „Bruder Brei", der schon alt war, zitternd die Stiege hinab und ging wieder in seine Küche. Wer weiß, wie er auf den Gedanken kam, es handle sich da um irgendeine Versuchung, jedenfalls blieb er am anderen Tag viel länger als sonst betend in der Kapelle zurück und flehte den Herrn an, er möge sich seiner erbarmen und nicht zulassen, dass ein braver und schon so alter Bruder wie er so dumm sei, auf so ein kleines Bübchen nicht aufpassen zu können.

Marcelinos Besuch in der Küche ließ nicht lange auf sich warten. An jenem Tag gab es Suppe und Marcelino konnte nur ein tüchtiges Stück Brot stehlen. Wieder verfolgte ihn der Bruder, doch diesmal wäre er beinahe entdeckt worden, denn der Bub wandte sich gleich dem Speicher zu und dort sah ihn „Bruder Brei" über die Kisten mit den Weinflaschen gebeugt, die die Brüder für große Gelegenheiten aufhoben. Als aber der Kleine seinen Blechnapf gefüllt hatte, wandte er sich wieder der Stiege zu und der Bruder sah sich gezwungen, rasch hinabzusteigen, um nicht gesehen zu werden und so verpasste er die Gelegenheit. Doch das Sprichwort sagt: Beim dritten Mal kommt der

Sieg und so geschah es auch in dieser Geschichte. Denn schon am folgenden Tag, als die Brüder zum Abendessen wieder Brot und Suppe hatten, dazu etwa dreißig Bratäpfel, bemerkte „Bruder Brei" das Fehlen von Brot und Äpfeln und machte sich gleich an die Verfolgung des kleinen Diebes, stellte sich hinter die Bodenkammertür und blieb dort stehen, um den Buben ungesehen beobachten zu können. Von dem, was „Bruder Brei" durch die Ritzen sah und von der Ohnmacht, die ihn überkam, als er es gesehen hatte, können wir nicht viel erzählen und nur sagen, dass er sich mehrere Stunden später daran erinnerte, wie ihn das Kind vor vielen Tagen einmal gefragt hatte: „Redest du auch mit Gott?"

Sehr erstaunt hatte der Bruder zuerst geschwiegen, dann aber versichert, auch er spreche mit Gott und das geschehe, wenn er bete und das sei für die Menschen überhaupt die einzige Art und Weise, in der sie mit Gott reden könnten, wenn sie keine Heiligen wären.

Überaus erregt stieg der Bruder herab und schloss sich dann in die Kapelle ein, sagte aber niemandem etwas von dem, was er gesehen hatte und wachte die ganze Nacht.

Er fuhr in seinen Nachforschungen fort, und zwar mit verdoppeltem Eifer und so lange, bis er wusste, was täglich zwischen dem Kind und dem Kreuz mit dem Gekreuzigten geschah, das die Brüder dort auf-

hoben, weil es so groß war und nicht eher in der Kapelle aufgestellt werden konnte, bevor diese umgebaut war, wie es der Prior und alle wünschten.

Beim dritten Mal aber, um sicherzugehen, dass sich seine Sinne nicht täuschten, machte sich „Bruder Brei" Mut und wandte sich an „Bruder Tür", nachdem er einem anderen Bruder gebeichtet hatte, er leide an Wahnvorstellungen. Und dann erzählte er „Bruder Tür", was er täglich durch die Bretter der Bodenkammertür hindurch hörte. Da erklärte sich „Bruder Tür", der so gut und so alt war wie „Bruder Brei", bereit, ihn zu begleiten, um ihn von solchen seltsamen Wahnvorstellungen zu befreien.

Und wirklich, am folgenden Tage und während eines schweren Gewitters, eines von denen, die Marcelino ehemals zwangen, bei den Brüdern Zuflucht zu suchen, standen die beiden vor der Bodenkammertür. Während „Bruder Brei" sehr inbrünstig betete, horchte der „Bruder Pförtner" sehr aufmerksam auf das, was da drinnen geschah. Aber auch er traute seinen Augen nicht und als sie endlich hinuntergestiegen waren, sagte er zu „Bruder Brei", er sei vielleicht verhext und er müsse dem Prior davon berichten. Er erinnere ihn an das Kind, das gesehen hatte, wie der heilige Franz von Assisi mit Gott sprach, ohne dass der heilige Franz das bemerkte und der ein Mönch geworden war und einer von den besten. „Bruder Brei" flehte „Bruder Tür" an, er möge noch einen Tag warten und noch einmal mit ihm hinaufsteigen, bevor sie beide den Prior unterrichteten. Das versprach ihm der andere auch. Die Nacht kam und mit ihr beruhigte sich das große Gewitter und diesmal waren es zwei Brüder, die die Nacht betend durchwachten und Gott um Erleuchtung anflehten, er möge sie ein so großes Geheimnis begreifen lassen.

In jenen Tagen ging Marcelino wie in einem seligen Traum umher. Er schien sich an nichts recht zu erinnern und war ganz in seine Gedanken versunken. Weder die Tiere noch seine alten Freunde, die Brüder, nicht einmal die Ziege, seine Amme, die in jenen Tagen aus lauter Altersschwäche sterbend im Hof lag noch die Gewitter über dem Kloster, die sich nun immer mehr häuften, nichts, aber auch gar nichts konnte ihn von seiner Freundschaft mit dem Mann in der Bodenkammer, von seinen Gesprächen mit ihm und von seiner Vorliebe für die Gänge in die Kapelle abbringen. Dort schlief er manchmal wirklich ein, während er das Kruzifix auf dem Bildnis des heiligen Franz betrachtete, sodass er eines Abends von dort ins Bett getragen werden musste. Wenn er in die Küche ging, hielt er sich gar nicht mehr damit auf, „Bruder Brei" hinters Licht zu führen. Er nahm ihm die Speisen unmittelbar vor der Nase weg und stieg die Treppe hinauf, ohne sich weder um deren Knarren zu kümmern noch darum, ob jemand ihm folgte.

An jenem Nachmittag hatte er das mitgebracht, was er fast immer mitbrachte und wovon der Name stammte, mit dem Jesus ihn selbst genannt hatte: nur Brot und Wein. Wie stets stieg der Herr vom Kreuz herab, aß sein Brot und trank seinen Wein und erst dann, als Marcelino ganz in seinen Anblick versunken vor ihm stand, aber, vor Ehrfurcht und Liebe wie gelähmt, ihn nicht zu berühren wagte, rief er den Buben zu sich, legte ihm die Hände auf die schmalen Schultern und sprach:

„Hör, Marcelino, du bist ein guter Bub gewesen. Und deshalb will ich dich mit dem belohnen, was du dir am meisten wünschst."

Marcelino schaute den Herrn an und wusste nicht, was er antworten sollte. Aber der Herr, der in Marcelinos Seele sah, wie er auch in unsere Seelen sieht, drängte ihn voll Milde, indem er ihn mit seinen großen Fingern streichelte:

„Sag mir: Willst du ein Mönch sein wie die, die dich aufgezogen haben? Willst du, dass Mochito gleich wieder lebendig wird und dass deine Ziege niemals stirbt? Willst du Spielsachen, wie sie die Kinder im Dorf und in der Stadt haben? Möchtest du gar das Ross des heiligen Franz? Willst du, dass Manuel sofort zu dir kommt?"

Doch zu allem sagte Marcelino nein. Seine Augen wurden immer größer und sahen den Herrn doch nicht, obwohl der Herr ganz nahe bei ihm war.

„Was willst du dann?", fragte Jesus.

Und dann sagte Marcelino abwesend, doch den Blick fest auf den Herrn gerichtet:

„Ich möchte nur meine Mutter sehen. Und dann deine Mutter."

Da zog ihn der Herr an sich, setzte ihn auf seine nackten, harten Knie, legte ihm eine Hand auf die Augen und sagte sanft: „Schlaf nun, Marcelino."

Im gleichen Augenblick aber riefen elf Stimmen laut: „Ein Wunder!"

Sie riefen das hinter der Bodenkammertür, oben auf der Treppe. Und plötzlich öffnete sich die Tür und alle Brüder außer „Bruder Übel" drangen in die kleine Kammer ein, die sie kaum fassen konnte.

„Ein Wunder! Ein Wunder!", riefen die Brüder und der Prior.

Doch die Bodenkammer lag still im Licht des geöffneten Fensterchens. Das Bord war voll verstaubter Bücher und Schriftbündel, wie immer; das Hausgerät und die aufgehäuften Bretter waren da, wie immer, und der Herr, unbeweglich, ausgemergelt und gestorben an seinem Kreuz, wie immer. Nur Marcelino ruhte in den Armen des alten, klösterlichen Lehnstuhls, als ob er schliefe. Da fielen die Brüder auf die Knie und warteten darauf, dass Marcelino erwachte. Dann trat der Prior zu ihm hin und berührte ihn mit seinen Händen und gab den Brüdern ein Zeichen, sie sollten wieder hinabsteigen und er sagte nur:

„Der Herr hat ihn zu sich genommen. Der Herr sei gepriesen."

Da gingen die Brüder und legten Marcelinos Körper auf die Stufen des Altars und verbrachten die Nacht unter freudigen Tränen. Vor dem Altar aber hatten sie das Kruzifix aus der Bodenkammer aufgestellt, doch ganz schräg, denn anders ging es nicht in die Kapelle hinein. Und Marcelino schlief im Herrn und gewiss sah er schon das Gesicht seiner Mutter, die er im Leben nicht gekannt hatte.

Vor der Morgendämmerung machten sich die jüngsten unter den Brüdern eiligen Schrittes auf, um allen in der Umgebung und in den benachbarten Dörfern davon zu erzählen, was geschehen war. Am Nachmit-

tag kamen die ersten Karren und Wagen ins Kloster mit den Menschen darauf, die Zeugen des Wunders sein wollten. Marcelino schlief in seinem kleinen Sarg aus hellem Holz, lächelnd und rosig. Immer mehr Karren kamen an und die ganze Nacht über kamen Menschen zu Fuß, wie bei einer Pilgerfahrt, denn alle Dörfer hatten von dem Wunder gehört und schon wusste jedermann vom seligen Tod des Bübchens der Mönche. In der gleichen Nacht war auch Marcelinos Ziege gestorben und „Bruder Übel" hatte sich plötzlich so viel besser gefühlt, dass er sich in die Kapelle hatte führen lassen, um das Kruzifix anzubeten und von seinem Freund Marcelino Abschied zu nehmen.

„Ich lebe noch", sagte der Gute weinend, „und er liegt im Sarg."

Am Vormittag fand das Begräbnis statt. Der Bub musste im Friedhof des nächsten Dorfes begraben werden, obwohl ihn die Brüder gerne unter sich auf dem kleinen Friedhof im Gemüsegarten begraben hätten, doch die Ordensregeln erlaubten das nicht. In der ersten Nachmittagsstunde setzte sich ein großer Zug in Bewegung, der beinahe einer Prozession glich. Darunter waren die Brüder, die Amtsleute der Dörfer und viele Nachbarn des Klosters und unter ihnen fehlte auch Manuels Familie nicht mit Manuel selbst, der sich kaum an den Buben erinnerte, den er nur an einem Nachmittag kennengelernt hatte. Das reichste

Dorf hatte seine Musikkapelle geschickt. Die spielte einen sehr langsamen und trübseligen Trauermarsch, der ganz auseinandergerissen klang, denn die Musiker gingen getrennt voneinander. Gewiss, wenn Marcelino noch gelebt hätte und bei einem Begräbnis dabei gewesen wäre, wie es das seine war, hätte er bemerkt, dass der Musikus, der die Pauke schlug, sehr schmächtig war und unter dem großen Gewicht seines Instruments das Gleichgewicht zu verlieren schien, während der Klarinettenspieler ein richtiger Fettwanst war, der aus seinem Instrument wie aus einem schlanken Mundstück zu rauchen schien.

Die Brüder stimmten ihre Gesänge an und die Kapelle ihren Trauermarsch. Die Leute beteten laut. Nur die Kinder lachten und sprangen unbekümmert den Weg entlang. Es war ein wunderschöner Nachmittag, einer von denen, die „Marcelino pan y vino" sehr liebte, bevor er seinen großen Freund in der Bodenkammer kennengelernt hatte. Und die Karren und die Reiter folgten der zahlreichen Schar der Fußgänger. Und plötzlich machten sich, gewiss von den Gesängen und der Musik angelockt, ein paar launische Ziegen, die dort weideten, von ihrer Herde los und folgten dem Begräbnis bis an die Friedhofspforte. Und wenn sie gekonnt hätte, wäre auch Marcelinos Ziege und Amme dabei gewesen und hätte sich einige Gräslein gerupft, während der Körper des Buben in die Erde gelegt wurde. Der Körper, sage ich, denn die Seele war schon bei seiner Mutter, war schon im Himmel, von dem die Brüder so oft gesprochen hatten, war schon beim Herrn, dem Marcelino in der Bodenkammer so oft zu essen und zu trinken gegeben hatte.

Kurze Erklärung zu einigen nicht so bekannten Begriffen

Angelus: Das nach seinem lateinischen Anfang (Angelus Domini = Der Engel des Herrn) benannte Gebet. Es erinnert an die Menschwerdung Christi und wird von vielen Menschen am Morgen, am Mittag und am Abend gebetet. Seit dem Mittelalter wurde es in ganz Mitteleuropa Brauch, mit einer Kirchenglocke (das „Angelusläuten") daran zu erinnern, dass es Zeit ist, dieses Gebet zu sprechen.

Baum des Guten und des Bösen: Dieser Ausdruck erinnert an die biblische Erzählung von Adam und Eva im Paradies : Gott erlaubte ihnen von allen Bäumen des Gartens zu essen, nur von dem „Baum der Erkenntnis von Gut und Böse" sollten die Menschen nicht essen.

Franziskaner: Eine Ordensgemeinschaft, die 1223 vom heiligen Franz von Assisi gegründet wurde. Die Mitglieder, die Gott in besonderer Weise dienen und ganz für ihn da sein wollen, leben in einem Kloster zusammen, sie nennen sich gegenseitig „Bruder" und bemühen sich um ein einfaches und bescheidenes Leben.

Kastagnetten: Mit einer Schnur verbundene Holzplättchen, mit denen rhythmische Klänge erzeugt werden. Vor allem in Spanien beliebte Begleitinstrumente für die Tanzmusik.

Kasteien: Freiwillig Buße tun für Fehler und Vergehen, die man selbst getan hat oder die andere Menschen begangen haben.

Meierei: Nicht mehr gebräuchliche Bezeichnung für einen Bauernhof, der einem Kloster oder einem Fürsten gehörte und von einem Verwalter (dem „Meier") geleitet wurde.

Mönchskutte: Das einheitliche lange Kleid, das jeder Klosterbruder trägt.

Prior: Der Vorsteher eines Klosters.

Refektorium: Der gemeinsame Speisesaal in einem Kloster.

Zellen: Jeder Ordensmann in einem Kloster hat ein ganz kleines, einfaches Zimmer für sich. Das nennt man „Zelle".